BEI GRIN MACHT SICH IHR WISSEN BEZAHLT

- Wir veröffentlichen Ihre Hausarbeit, Bachelor- und Masterarbeit

- Ihr eigenes eBook und Buch - weltweit in allen wichtigen Shops

- Verdienen Sie an jedem Verkauf

Jetzt bei www.GRIN.com hochladen und kostenlos publizieren

Florian Rößle

Friedrich W. A. Fröbel: Leben und Werk

Ein kurzer Überblick

GRIN Verlag

Bibliografische Information der Deutschen Nationalbibliothek:

Die Deutsche Bibliothek verzeichnet diese Publikation in der Deutschen National-
bibliografie; detaillierte bibliografische Daten sind im Internet über http://dnb.d-
nb.de/ abrufbar.

Impressum:

Copyright © 2005 GRIN Verlag GmbH
Druck und Bindung: Books on Demand GmbH, Norderstedt Germany
ISBN: 978-3-638-89579-8

Dieses Buch bei GRIN:

http://www.grin.com/de/e-book/40137/friedrich-w-a-froebel-leben-und-werk

GRIN - Your knowledge has value

Der GRIN Verlag publiziert seit 1998 wissenschaftliche Arbeiten von Studenten, Hochschullehrern und anderen Akademikern als eBook und gedrucktes Buch. Die Verlagswebsite www.grin.com ist die ideale Plattform zur Veröffentlichung von Hausarbeiten, Abschlussarbeiten, wissenschaftlichen Aufsätzen, Dissertationen und Fachbüchern.

Besuchen Sie uns im Internet:

http://www.grin.com/

http://www.facebook.com/grincom

http://www.twitter.com/grin_com

Universität Augsburg

Philosophisch-Sozialwissenschaftliche Fakultät

Fritz März

Sommersemester 2005

Seminararbeit

Friedrich W. A. Fröbel – Sein Leben und Werk

vorgelegt von Florian Rößle

Diplom Pädagogik

Semester: 4

INHALT

„Dies: denkend tätig sein, dies: denkend tätig machen, ist der Quellpunkt aller produktiven Erziehung. (Fröbel, 1821)" (Brodbeck, 20.05.2004);

1. Biographie Fröbels
1.1. Kindheit und Lehrjahre Friedrich Fröbels

Der wohl bedeutendste deutsche Pädagoge romantischer Prägung, Friedrich Wilhelm August Fröbel, wurde am 21. April 1782 in, im Thüringer Wald gelegenen, Oberweißbach geboren. Er war das sechste Kind einer Pfarrersfamilie. Seine Mutter verstarb bereits neun Monate nach seiner Geburt und Fröbels Vater, Dorfpfarrer Johann Jacob Fröbel, ehelichte zwei Jahre später Sophie Otto. Diese widmete ihre mütterliche Liebe und Fürsorge ihren leiblichen Kindern und schenkte dem jungen Friedrich Fröbel nur wenig Aufmerksamkeit. Dies ging angeblich sogar soweit, dass sie ihm das „Du" verweigerte und ihn mit „Sie" ansprach.

Im Alter von fünfzehn Jahren, ging Fröbel zu seinem Onkel nach Stadtilm, wo er seine schulische Laufbahn abschließt und eine Lehre als Feldmesser bei einem Förster beginnt. Hier entdeckt er seine Liebe zur Natur, doch der Förster entließ ihn wegen angeblich mangelnder Leistungen 1799. Nach einem Besuch bei seinem in Jena Medizin studierenden Bruder Traugott, wollte auch Friedrich studieren. Es war schwer seinen Vater davon zu überzeugen, doch schließlich gelang es ihm. Er ließ sich seinen mütterlichen Erbteil auszahlen und begann daraufhin im Wintersemester 1799/1800 ein Studium der Naturwissenschaften in Jena. Nach vier Semestern jedoch waren die finanziellen Rücklagen des inzwischen 19 jährigen aufgebraucht und die Schulden so groß, dass er sein Studium nicht fortsetzen konnte. Sein Vater wollte zunächst nicht für die Schulden seines Sohnes aufkommen, was dazu führte, dass Friedrich sogar eine zeitlang im Gefängnis saß. Erst als er auf seinen väterlichen Erbteil verzichtet, begleicht sein Vater die Schulden seines Sohnes.

Nun kehrt Friedrich Fröbel nach Oberweißbach zurück und pflegt seinen schwer kranken Vater bis zu dessen Tode am 10.02.1802. Daraufhin bat er einen Freund in Frankfurt ihm behilflich zu sein eine Anstellung zu finden. Friedrich wollte nun im Baufach tätig werden. In Frankfurt angekommen stellt ihn sein Freund Kulisch, seines Zeichens Hauslehrer der Familie von Holzhausen, Gottlieb Gruner vor, er war Leiter der Frankfurter Musterschule, der Fröbel eine Anstellung als Lehrer an seiner Schule anbot. Erst nach einigem Zögern nimmt Fröbel das Angebot an und beginnt sein pädagogisches Wirken. Hier beginnt Fröbel nun erstmals, auf den Rat von Gruner hin, sich mit den Schriften Pestalozzis zu beschäftigen und er will zu ihm nach Iferten reisen. Dies scheitert jedoch an den finanziellen Mitteln. (vgl. Heinze, 1995; vgl. Rutt, 1965, S. 119 ff.)

1.2. Hauslehrer Fröbel

Kulisch stellt Fröbel nicht nur Gruner vor, er führt ihn auch bei der Familie von Holzhausen ein. Nachdem sich Friedrich mit Caroline von Holzhausen eng angefreundet hatte, wird er im Jahre 1806 selbst Hauslehrer der gut betuchten und hoch angesehenen Frankfurter Familie von Holzhausen. Diese erlaubt ihm 1808 mit den ihm anvertrauten Söhnen der Familie zu Pestalozzi nach Iferten zu gehen um diese dort zu erziehen, was Fröbel die Möglichkeit der unmittelbaren Studie von Pestalozzis Elementarmethode ermöglicht. 1810 kommt es zum Zerwürfnis mit Pestalozzi über der Frage der Überprüfung der Elementarmethode durch die zuständige Landesbehörde. Caroline von Holzhausen machte Fröbel nun Vorwürfe, während der Vater zustimmte, dass er mit den Söhnen nach Frankfurt zurückkehrt. Im März 1811 wird Fröbel auf eigenen Wunsch hin von seinen Pflichten als Hauslehrer entbunden und nimmt nun erneut ein Studium der Naturwissenschaften, diesmal in Göttingen und Berlin, auf. Als 1813 der Befreiungskrieg gegen Napoleon beginnt, nimmt er in Lützows Freikorps bis Mitte 1814 daran teil, da er denkt dies sei seine Pflicht als deutscher. Hier lernt er seine späteren Mitarbeiter Middendorf und Langethal kennen. Nach Ende des Krieges arbeitet Fröbel am mineralogischen Institut in Berlin. 1816 verstarb einer seiner Brüder, was ihn veranlasste zu dessen Witwe nach Grieshei zu gehen um die Erziehung der beiden Kinder zu übernehmen. Als ihm noch zwei Söhne seines Bruders Christian anvertraut wurden, gründet Fröbel seine „Allgemeine Erziehungsanstalt", welche er im Sommer 1817 nach Keilhau verlegt.
(vgl. Heinze, 1995; vgl. Rutt, 1965, S. 119 ff.)

1.3. Keilhau

Hier beginnt das eigentliche Wirken von Friedrich Fröbel. Hier entstehen große Teile der von ihm verfassten Schriften, wie die sechs Keilhauer Schriften, oder die Menschenerziehung. In der wie ein Internat aufgebauten Einrichtung wollte Fröbel die Kinder durch körperliche und geistige Beschäftigung aktivieren und an das spätere Leben heranführen. Entscheidend war für ihn, dass die Erziehung der Kinder in der Familie stattfindet. Lediglich wenn dies, wie zum Beispiel bei Familie von Holzhausen, nicht möglich war, sollten Institutionen wie die seine diese Aufgabe übernehmen. Die beiden Theologiestudenten, Middendorf und Langethal, die er im Krieg kennen lernte, kamen zu ihm nach Keilhau und wurden seine Mitarbeiter. 1818 heiratet er in Keilhau die geschiedene Henriette Hofmeister.

Die Einrichtung machte Höhen und Tiefen durch. Von anfänglich sechs Schülern 1816, wuchs sie auf siebenundfünfzig im Jahre 1825 und schrumpfte anschließend, aufgrund verschiedener Ursachen, auf fünf im Jahre 1829. 1831 verlässt Fröbel Keilhau, mit seiner Frau, nachdem er die Leitung der Schule an einen Mitarbeiter übergeben hat und siedelt in die Schweiz über.

(vgl. Heinze, 1995; vgl. Rutt, 1965, S. 119 ff.)

1.4. Schweiz und Bad Blankenburg

Fröbel ging zunächst in die Schweiz, gründete dort 1831 in Wartensee eine Erziehungsanstalt mit der er 1833 nach Willisau umzog. 1834 entsteht der Plan in Burgdorf eine Armenerziehungsanstalt zu gründen, der aber nicht umgesetzt werden kann. Fröbel leitet aber Lehrerseminare in Burgdorf und übernimmt die Leitung des Waisenhauses und der Elementarschule. 1837 siedelt er mit seiner Frau nach Bad Blankenburg über. Er widmet nun sein gesamtes Augenmerk der Vorschulerziehung, gründet einen Spielkreis für Vorschulkinder und entwickelt die weithin bekannten Spielgaben, auf die ich später vertieft eingehen werde.

1839, das Jahr in dem seine erste Frau verstarb, gründet Fröbel eine „Spiel- und Beschäftigungsanstalt" in Bad Blankenburg und gründet hier ein Jahr später den „Allgemeinen deutschen Kindergarten". In den darauf folgenden Jahren versucht Fröbel seine Idee des Kindergartens in den deutschen Staaten zu verbreiten. Er reist viel und bildet Frauen in seinen Methoden der Vorschulerziehung aus. Seine berühmten „Mutter- und Koselieder" erscheinen 1844. Fünf Jahre später siedelt Fröbel nach Bad Liebenstein um wo er weiterhin Kindergärtnerinnen ausbildet. 1851 ist ein Jahr mit Höhen und Tiefen für Fröbel. Er ehelicht im Juni die dreiunddreißig Jahre jüngere Luise Levin. Im August werden in Preußen, durch die nach der Revolution 1848 erstarkten Kräfte der Reaktion, seine Kindergärten verboten. Auch andere deutsche Staaten folgten diesem Beispiel. Fröbel sieht sein Lebenswerk in Gefahr und versucht durch Überprüfungsanträge das Verbot zu verhindern, doch er scheitert. Er stirbt am 21.07.1852 auf Schloss Marienthal bei Bad Liebenstein.

Das Verbot der fröbelschen Kindergärten wird erst Jahre später, im März 1860 wieder aufgehoben.

(vgl. Heinze, 1995; vgl. Rutt, 1965, S. 119 ff.)

2. Das Werk Friedrich Fröbels

Im nun Folgenden möchte ich anhand einer Auswahl an Beispielen einen kleinen Einblick in die Ideen- und Gedankenwelt Fröbels geben. Dieser kann natürlich nicht den Anspruch auf Vollständigkeit erheben.

2.1. Die Sphärentheorie

Von zentraler Auswirkung für die weiteren pädagogischen Arbeiten Fröbels war die Entwicklung seiner Theorie der Sphäre um 1810.

In diesem philosophischen Konstrukt entwickelt Fröbel die Idee, dass dem menschlichen Streben grundsätzlich drei Richtungen gegeben sind, die des Dreiklangs von Mensch – Natur – Gott. Fröbel geht des Weiteren davon aus, dass diese drei Züge des menschlichen Geistes ein und demselben Gesetze folgen, ja sogar eins sind obwohl sie viele Gegensätze geradezu erzeugen. Diese Gegensätze, die er in vielerlei Gestalt im alltäglichen Leben ausmacht (Mann und Frau), entstammen dennoch dem gleichen Ursprung. Dies nennt er das Gesetz der Sphäre, dass sich seiner Meinung nach am besten am Bild der Kugel verdeutlichen lässt. Sie ist der einfachste geometrische Körper, der von einem Zentrum weg sich in alle Richtungen gleichförmig ausdehnt. Im Zentrum der Kugel, steht das Göttliche als Ursprung allen seins. Die Kugel ruht in sich, so sieht es Fröbel, genau wie der Mensch und alle Wesen und Dinge in sich ruhen und sich von Innen nach Außen äußern. (vgl. Reble, 1999, S. 232)

Diese philosophisch-theoretischen Annahmen tauchen immer wieder in Fröbels pädagogischen Überlegungen auf und so ist der Ball nicht ohne Grund die erste seiner Spielgaben.

2.2. Fröbels Spielgaben

Wie oben bereits erwähnt sieht Fröbel ein ewiges Gesetz in dem sich von Innen Außen kundtun des Menschen. Kinder tun sich seiner Auffassung nach kund in dem sie spielen. Entwickelt wurden die Gaben ab 1834, sie sollen den Kindern „die Ordnung Gottes intuitiv vermitteln." (Dietrich, 1970, S. 149). Ich möchte nun einige der Fröbelschen Spielgaben und deren Hintergrund darstellen.

Die wichtigste Spielgabe ist der Ball, „weil sich in ihm das allgemeine Gesetz des Lebens, das sog. sphärische Gesetz darstellt." (Rechtmann, 1969, S. 209) Zu den weiteren Spielgaben zählen Kugel, Würfel, Walze, Papier, Stäbchen, Täfelchen und viele mehr. Durch diese Gaben soll der Spieltrieb im Kind gefördert werden und es soll ihm so ermöglicht werden durch ein „entgegengesetzt – gleiches Gegenbild" (Rutt, 1965, S. 92) sein inneres nach außen kundzutun, da es dies noch nicht mit den Mitteln der Sprache kann. Stehen die entsprechenden Werkzeuge zur Befriedigung dieses Triebes nicht zur Verfügung, „so sucht es Befriedigung dieser Forderung seiner Natur durch seine Einbildungskraft durch seine Phantasie." (Rutt, 1965, S. 92) Eine Funktion des Balles ist es, mit mehreren farbigen anderen, das Kind „zum Einklang und zur Eintracht" (Rutt, 1965, S. 99) zu führen. Als zweite Spielgabe folgt die Kugel, sie soll „in und während der Verschiedenheit ihrer Drehungen und Wendungen (...) zur klaren Auffassung, Anschauung und zum Festhalten der Einheit an sich leiten." (Rutt, 1965, S. 99) Die dritte Spielgabe leitet Fröbel aus der Gestalt der Kugel her, sie ist einflächig, weshalb der Gegensatz ein mehrflächiger Körper ist. Als gleiches sieht er die drei Achsen des Raumes. Die Spielgabe muss beides in sich vereinen und somit muss es der Würfel sein. Er führt nicht nur in die Geometrie ein, sondern auch in die Welt der Zahlen (vgl. Rutt, 1965, S. 100).

Die erwähnten Spielgaben Fröbels, „sind also elementare Materialien eines Lehrgangs, (...) durch den die Welt des Kindes sich allmählich als ‚Erfahrung' strukturiert." (Blättner, 1968, S. 200). Der Erzieher muss während des Spiels des Kindes „mit Wort, Gesang und Gebärde diesen tieferen Sinn aufschließen." (Blättner, 1968, S. 200)

2.3. Die Menschenerziehung

In seinem Hauptwerk entwirft Fröbel in einer philosophisch-religiösen Sprache die Eckpunkte seiner Idee der Erziehung und des Unterrichts. Ein zentrales Element dieser Arbeit ist Fröbels Darstellung der verschiedenen Entwicklungsstufen des Menschen vom Säugling zum Erwachsenen.

Zunächst muss das Kleinkind noch vom Erwachsenen gepflegt und umsorgt werden, hier kann noch nicht im engeren Sinne von Erziehung gesprochen werden. Für den Menschen geht es in dieser Phase vor allem darum durch die vielen Sinneseindrücke zu lernen seine Wahrnehmung zu steuern, also äußeres innerlich zu machen. Des Weiteren kann man noch nicht von einer Unterscheidung von Ich und Welt sprechen, Fröbel sieht die Entwicklung des Menschen als eine Steigerung genau dieser Fähigkeit zu trennen zwischen Ich einerseits und der Welt andererseits. (vgl. Reble, 1999, S. 234 f.)

In der nächsten Entwicklungsstufe ist genau diese Befähigung bereits gut ausgeprägt. Nun ist für das Kind nicht mehr das Innerlich machen ausschlaggebend, sondern die Möglichkeit das Innere nach außen zu kehren. Dies tut es auf zwei Wegen, einerseits durch die Sprache und andererseits durch das Spiel. Für Fröbel ist das Spiel von größter Wichtigkeit, es ist für ihn nicht nur eine Vorstufe zur Arbeit sondern der Weg wie das Kind mit seiner Umwelt kommuniziert und diese verarbeitet.

Ab einem Alter von ca. sechs Jahren spricht Fröbel vom Knaben, der sich nun dadurch vom Kinde unterscheidet, dass er nicht mehr „spielt, der Knabe *macht Spiele*" (Reble, 1999, S. 236). Ihm geht es um die Sache, er ist in der Lage zu abstrahieren. Nun beginnt auch der Unterricht in Mathematik, etc. der vor allem die hintergründigen Zusammenhänge und nicht die vordergründigen Fakten vermitteln soll. (vgl. Reble, 1999, S. 236 f.)

2.4. Der Kindergarten

Die Idee von Friedrich Fröbel zur Gründung eines Kindergartens entstand wohl zwischen den Jahren 1836 und 1840, in denen er seine Spieltheorie entwickelt und den Verein allgemeiner deutscher Kindergarten zum Leben erweckt (vgl. Blättner, 1968, S. 196). Mit einem solch durchschlagendem Erfolg seiner Idee, dass in der englischen der deutsche Begriff Kindergarten sogar übernommen wurde, hätte Fröbel sicherlich nicht gerechnet.

Zu Lebzeiten Fröbels jedoch wurden ihm große Steine in den Weg zur Verwirklichung seiner Idee gelegt und heute ist wohl nicht viel außer dem Begriff Kindergarten geblieben, der vermutlich nicht im Sinne Fröbels ausgefüllt wird. Er wollte nämlich gerade keine Institutionen schaffen, „die Mütter von der Erziehungsarbeit entlasten," (Reble, 1999, S. 238) sondern solche, die den Müttern sein Wissen und seine Methoden zur Erziehung vermitteln, damit diese so in den Familien umgesetzt werden können. Zunächst wurden Fröbels Pläne in die Tat umgesetzt und so bildeten sich in vielen Städten entsprechende Einrichtungen. Jedoch wurden nach der gescheiterten Revolution 1848 und dem Wiedererstarken der konservativen Strömungen in Deutschland seine Kindergärten 1851 in Preußen als gottlos und sozialistisch orientiert verboten. Leider erlebte Fröbel die Aufhebung dieses Verbotes im Jahre 1860 nicht mehr. (vgl. Reble, 1999, S. 238 f.) Nach der Wiedererlaubnis der Kindergärten entwickelten sich diese vor dem Hintergrund der Industrialisierung und des daraus entstehenden wirtschaftlichen Drucks auf die Familieneltern, „mehr und mehr zu einer notwendigen Hilfsinstitution, die die Erziehungsaufgaben der Familie mit zu übernehmen hatte" (Rutt, 1965, S.128) und somit sicherlich nicht im Sinne Fröbels.

3. Die Bedeutung Fröbels für die Gegenwart

Friedrich Fröbel, hat mit seinen Schriften, Ansichten und seinem Lebensweg sicherlich viele Pädagogen nach ihm inspiriert und beeinflusst und nicht zuletzt deshalb wirkt er bis heute. Zwar mag seine Ausdrucksweise, die seine Erkenntnisse in das Geflecht einer mystisch-religiösen Sprache und Ansichten verpackt, für heutige Leser nur schwer verständlich sein, lässt man sich jedoch darauf ein, erkennt man viele Anschauungen und Theorien, die gerade in der heutigen Zeit eine Bereicherung für viele Menschen darstellen würde. Man muss versuchen Fröbel, ebenso wie alle historischen Autoren, aus seiner Zeit heraus zu verstehen und darf nicht fragen ob das Geschriebene eins zu eins in die heutige Zeit übernommen werden kann. Seine Zeit, war nun einmal die Zeit der Romantik und Fröbel ein Romantiker, geprägt von der Liebe zur Natur, zu den Menschen und zu Gott. Genau dieser Dreiklang soll von den Menschen erkannt und verinnerlicht werden, damit sie zu ganzen Menschen werden. Doch das Rad der Zeit hat sich weitergedreht und die Menschen in die heutige technisierte, verwirtschaftlichte am Erfolg orientierte Zeit geführt. Wo bleibt da Platz für Romantiker? Die Zeit lässt kaum Platz für Romantiker, doch genau diese braucht diese Zeit vermutlich am meisten. Eine Rückbesinnung darauf, dass eben nicht alles mit Mitteln der modernen Technik, ganz besonders nicht die Erziehung von Menschen, zu meistern ist, täte Not. Teilweise erscheint es mir als habe sich zumindest in der öffentlichen Diskussion über Pädagogik eine technische Ansicht, eine Technik der Beeinflussung und nicht der Erziehung und Führung des Menschen verbreitet. Doch Fröbel sieht die Menschenerziehung aus einer geistigen Perspektive heraus und so möchte auch ich sie sehen, eine Perspektive die nicht den unmittelbaren wirtschaftlichen Nutzen als Maßstab sieht, sondern danach fragt ob der einzelne Mensch sein Glück finden und sein Leben meistern kann, durch das was ihm mit auf den Weg gegeben wird. Ob er sich dadurch zu einem freien, Selbstbestimmten Wesen, das mit sich selbst, mit seinen Mitmenschen, der Umwelt und mit Gott eins ist, entwickeln kann. Ein Mensch im Fröbelschen Sinne eben.

4. Literaturverzeichnis

Blättner, F. (1968):   Geschichte der Pädagogik, 13. durchgesehene und erweiterte Auflage, Heidelberg: Quelle & Meyer.

Brodbeck, M. (2004):
Fröbel Zitate. URL:
http://www.froebelweb.de/leben/biograf/froezit1.html
Download vom 1.2.2005

Dietrich, T. (1970):   Geschichte der Pädagogik. In Beispielen, Bad Heilbrunn: Klinkhardt.

Heinze, U. (1995):
Biografie Fröbels. URL:
http://www.froebelweb.de/leben/biograf/frheinz.html
Download vom 1.2.2005

März, F. (2003):   Personengeschichte der Pädagogik, 3. Auflage, Bad Heilbrunn: Klinkhardt.

Reble, A. (1999):   Geschichte der Pädagogik, 19. durchgesehene Auflage, Stuttgart: Klett-Cotta.

Rechtmann, H. (1969):   Geschichte der Pädagogik. Wandlungen der deutschen Bildung, 3. neubearbeitete Auflage, München: Ehrenwirth.

Rutt, T. (Hrsg.) (1965):   Friedrich Fröbel: Ausgewählte pädagogische Schriften, Paderborn: Ferdinand Schöningh.